EXTRAIT DU MONITEUR UNIVERSEL

du 10 janvier 1865

OUVERTURE

DU

COURS DE PHILOLOGIE

COMPARÉE

DES LANGUES INDO-EUROPÉENNES

A LA BIBLIOTHÈQUE IMPÉRIALE

le 29 decembre 1864

PAR M. JULES OPPERT

PARIS

TYPOGRAPHIE E. PANCKOUCKE ET Cie

13, QUAI VOLTAIRE, 13

1864

OUVERTURE

DU

COURS DE PHILOLOGIE COMPARÉE

Des langues indo-européennes

A LA BIBLIOTHÈQUE IMPÉRIALE

le 29 décembre 1864,

PAR M. JULES OPPERT.

EXTRAIT DU MONITEUR UNIVERSEL
du 16 janvier 1865.

OUVERTURE

DU

COURS DE PHILOLOGIE

COMPARÉE

DES LANGUES INDO-EUROPÉENNES

A LA BIBLIOTHÈQUE IMPÉRIALE

le 29 décembre 1864

PAR M. JULES OPPERT

MESSIEURS,

Quoique nous puissions dire, avec une légitime satisfaction, que notre époque a fait faire un pas considérable au développement intellectuel de l'humanité, nous n'oublierons pas ce que nous devons aux siècles passés, et ce qui, malgré toutes les tentatives,

nous reste encore à conquérir dans la connaissance de la véiitable nature des choses. Si
l'on nous appliquait, pour notre examen, le
beau questionnaire contenu dans le livre de
Job, combien de nous passeraient cette épreuve?
tant les questions principales dans toutes les
sciences sont encore et seront probablement
toujours voilées pour nous. Cette impuissance
de notre savoir à dépasser une certaine limite
que nous-mêmes déplacerions volontiers, ne
peut que nous rendre circonspects ; nous évite-
rons ainsi les déconvenues que nous ménage-
rait un manque de saine appréciation de ce
que nous pouvons faire, et de ce qui nous est
interdit d'apprécier. Dans la science des langues, les mêmes considérations se présentent
à notre esprit.

On a voulu tirer de l'origine commune des
langues certaines conclusions concernant l'origine des nations et la nature de leurs croyances. Je viens combattre ces tendances exces-
sives et limiter à la philologie sa juste part
dans l'ethnographie ou science des peuples, en
réservant aux autres branches du savoir humain ce qu'elles peuvent légitimement revendiquer.

Je vous ai depuis longtemps, messieurs,

parlé à cette place de la science qui fait le sujet de ce cours, de la philologie comparée des
langues indo-européennes. Depuis le jour
où vous avez voulu, il y a sept ans, vous as-
socier à nos études, je vous ai souvent exposé ce qui constituait la raison d'être de cette
nouvelle science, dont j'ai eu, sur l'initiative
prise par M. Rouland, l'avantage de fonder un
enseignement régulier et public à Paris.

La philologie historique, dont la grammaire comparée est une branche, s'occupe des
langues en elles-mêmes. Elle commence par
les classer par familles, en introduisant comme
critérium la ressemblance ou la disparité de
l'organisme ; et après avoir achevé cette œuvre de classification, elle recherche les liens
qui rattachent les membres de la même famille, elle précise les lois qui président à la
transformation des différents idiomes, et fait
voir comment les mêmes expressions se mé-
tamorphosent, d'après des règles certaines,
dans tel ou tel idiome (1). Je vous ai exposé

---

(1) Des exemples tirés du français et des langues
néolatines, expliqueront la nature de ces changements.
L'espagnol, par exemple, change le *f* du latin en *h*,
ainsi *formosus*, beau, devient *hermoso* ; *hendido* est
le français *fendu* ; *hijo*, le français *fils*. L'italien
change un *l* après une consonne en *i*, et de *flamma*

la classification généralement admise en langues à flexion, en langues agglutinantes et en langues monosyllabiques, ou, pour parler un langage plus intelligible, fait voir la différence des langues dites indo-européennes, des langues sémitiques, et enseigné comment les idiomes touraniens se séparent d'eux; n'oublions pas que ces grandes familles linguistiques sont entièrement distinctes des idiomes monosyllabiques de l'extrême Orient, et des langues holophrastiques du nouveau monde. Après avoir expliqué dans le détail ces questions, nous avons abordé ensemble la famille des langues indo-européennes, et nous avons pu constater la parenté du sanscrit, du perse, du grec, du latin, de l'allemand, du slave, du celte et d'autres.

---

il fait *fiamma*. Souvent des lois sont les mêmes pour des idiomes différents ; ainsi le français et le persan changent un *v* latin ou perse en *g*, l'espagnol et l'hindoustani un *v* ancien en *b*. Ainsi, le *d* ou *dr* devient dans ces langues *r* et *l*. On comprend donc que souvent les mêmes termes s'altèrent de manière à n'être plus reconnaissables sans l'histoire de l'expression. Le persan *duazdèh* répond au français *douze*, mais aussi l'hindoustani *biyareh*, et toutes ces expressions proviennent des sanscrit *dvâdaça*, perse *duvâdaça*, latin *duodecim*, qui eux-mêmes dérivent d'un ariaque *dvâdaka*, en grec δώδεκα.

Vous me demanderez sans doute quelle est l'utilité de ces études pour la littérature, pour l'histoire et pour les autres branches du savoir humain? C'est sur cette question que je dois m'efforcer à vous répondre, en vous signalant l'écueil que nos recherches auront à éviter.

La philologie peut, premièrement, se borner à appliquer les principes grammaticaux à une seule famille de langues, et à examiner ces idiomes, un à un, au point de vue du développement de ses flexions. Ainsi l'on peut comparer les langues sanscrite, grecque, latine, slave, germanique, ou bien l'hébreu, l'arabe, l'araméen, l'assyrien; c'est-à-dire, on devra se borner à exposer, les unes après les autres, les formes des idiomes helléniques, romains, allemands, ou bien celles des idiomes de Palestine, de l'Arabie, de Ninive, et faire ressortir, par la simple juxtaposition, les rapports fréquents ou les différences encore plus frappantes qui rapprochent ou qui désunissent ces formes. Quelquefois on pourra expliquer les flexions d'un idiome par des phénomènes philologiques qui se trouvent dans un autre; mais ce cas est, proportion gardée, très-rare. La coordination de formes analogues

dans leur disparité qu'on présente sans qu'on
en tire des conséquences linguistiques, prend
le nom mal choisi de *grammaire comparée* (1).
C'est l'élément le plus nécessaire, mais, par
cela même, scientifiquement le plus modeste
et le moins élevé; peu de chose est aban-
donné à la sagacité du savant, qui n'a qu'à
enregistrer les formes telles que les gram-
maires des différentes langues les lui fournissent, et cette partie a l'avantage d'être, quand
elle est bien traitée, la moins contestable.

La difficulté grandit quand on commence
à comparer les dictionnaires des différentes
langues, qui, à cause de leurs difficultés grammaticales, doivent présenter des ressemblances dans les mots mêmes. Cette partie de la
philologie a, la première, frappé les savants,
qui reconnurent l'affinité du sanscrit, du

---

(1) On ne parle pas correctement en se servant pu-
rement du mot *grammaire comparée*, sans dire en
même temps quels sont les idiomes sur lesquels
s'exerce la comparaison. On ne dit pas davantage sim-
plement qu'on fait de la grammaire sans laisser enten-
dre de quelle grammaire il s'agit. Au contraire, la philologie, la physiologie, l'embryogénie, l'anatomie, présentent, à elles seules, des idées bien nettes; de sorte
que le terme d'*anatomie comparée* est aussi précis que
l'expression de *grammaire comparée* est fautive.

grec, de l'allemand, du latin, d'une part, de l'hébreu, de l'arabe, de l'autre, et qui s'aperçurent des analogies reliant entre eux le turc, le mongol, le magyar. Ces considérations, qui, à la rigueur, appartiennent encore à la grammaire comparée, sont aussi celles dont les savants ont le plus abusé et où un grand nombre d'erreurs est possible. Néanmoins, beaucoup de principes ont été, depuis longtemps, émis et reconnus comme fondés par les savants, et peut-être ce cours n'a-t-il pas été inutile pour former un noyau d'adeptes qui propagent les saines idées d'étymologie.

Car la grammaire comparée des langues indo-européennes n'est pas une nouvelle venue en France, et, sans nommer ceux qui, à l'étranger, ont fondé et fait prospérer cette doctrine, vous me pardonnerez si je rappelle les noms des savants auxquels nous devons les progrès dans ce pays. Le meilleur moyen de se faire juger avec indulgence, c'est de reconnaître le mérite de ses collaborateurs; il n'est permis qu'aux gens sans titres d'oublier ceux d'autrui. Après Eugène Burnouf qui à l'Ecole normale introduisit, passagèrement encore, la philologie historique, le premier qui se soit occupé de l'enseignement, est M. Eichhoff, que je n'ai qu'à nommer pour rappeler ses nombreux écrits et sa carrière à la faculté des lettres de Lyon, et qu'il tend à continuer à la Sorbonne. Il fut suivi dans cette même voie par M. Benlœw à Dijon, par M. Bergmann à Strasbourg, par M. Emile Burnouf à Nancy. A l'Ecole normale, M. Egger reprit l'œuvre d'Eugène Burnouf, quoique dans un cadre plus restreint, cadre qu'a rempli à la Sorbonne M. Hase. M. Chavée avait déjà, dès 1846, fait connaître au collége Stanislas les maximes de la linguistique. Sans entrer dans l'enseignement, d'autres savants ont, par leurs écrits, contribué à la vulgarisation de la linguistique arienne; nous devons citer ici les noms de MM. Adolphe Regnier, Baudry, Delattre, Schœbel, et cette nomenclature que je crois assez complète, deviendra plus riche, sans doute, par les travaux de l'avenir.

La *grammaire comparée* peut, par l'exposition des principes de changement qu'une langue congénère subit par rapport à une autre, limiter le champ dans lequel se meut la science du dictionnaire; elle nous montre, dans beaucoup de cas, les lois qui régissent les sons dans les différents idiomes, elle peut nous avertir que l'identité de son qui frappe le plus, ne répond pas à l'identité d'origine, et que les mots les plus dissemblables sont souvent ceux dont l'identité est le moins contestable (1). Cette

---

(1) Le nom perse grécisé *Smerdis* est le même mot que le français *blanc*, et le mot de *flamme* provient de la même racine ariaque *flag* ou *frag*. La racine devient en sanscrit *brâdj*, briller ; en zend, *berez ;* en perse, *bard*, d'où le nom *Bardiya*, dont les Grecs ont fait Σμερδις et Μέρδις (Aechyl, Perses.). En grec, elle se transforme en Φλεγ, brûler ; en latin, elle se bifurque en *flag*, brûler, d'où *flagrare* et *flamma* (de *flag ma*), *flavus* (de *flag-vus*), et en *fulg*, briller, d'où *fulgur, fulmen* (de *fulg-men*), *fulvus* (de *fulg vus*). Les langues germaniques doivent changer le *f* ariaque en *b*, et secondairement en *p*, de sorte que nous avons *blank* (le français *blanc*), *blitz*, l'éclair, et puis *prank*, d'où *pranken, pracht*. Dans les langues slaves, le russe *blistat*, briller, le polonais *blyszczeć* appartiennent à la même source. Ainsi, l'ariaque *kard*, cœur, a formé le grec καρδία, le latin *cord*, le celte *croidhe*, à côté du sanscrit *hrd*, du perse *dard*, d'où le persan *dil*, le slave *serdse*, le germanique *hart* (anglais *heart*, allemand *herz*). Nous supposons *drangha* ou *dragha* en ariaque, d'où le perse *dranga*, persan *direng*, sanscrit *dirgha*, grec δολιχος, russe *dolgo*, polonais *dlugo ;* mais ce *dr* devient *l* en latin et en germain, témoin *longus* et *lang*. Le perse *vrada* a fait l'éolien Fροδον (βρόδον dans les fragments de Sappho), mais aussi le persan *gul*, tandis que les langues européennes ont fait *rosa, rose*. Ainsi, le loup se dit en sanscrit *vrka*, en perse *varka*, en persan *gorg*, en lithuanien *vilka*, en russe *volk*, en celtique (irlandais) *breach*, en grec λύκος, en latin *lupus*, en germanique *vulf, volf* Le

—

branche de la linguistique qui s'occupe spé-
cialement de la dérivation des mots est appelée
d'un nom antique, mais bon, l'étymologie;
elle peut nous mettre sur la voie de l'origine
d'un mot appartenant à une certaine langue
et qu'on ne pourrait pas expliquer par cet
idiome dans lequel la racine est perdue, tandis qu'elle est conservée dans un autre idiome
de la même famille linguistique; quelquefois
même le mot appartient, par son origine, à
une souche toute différente et très-éloignée,
et il a été introduit par le contact des peuples,
étrangers d'origine les uns aux autres. Vous
voyez, messieurs, que dans cet ordre d'idées,
la philologie ne nous enseignera rien, et nous
aurons à compter avec des éléments politiques
qui plus ou moins connus, plus ou moins
obscurs, n'en entrent pas moins pour une

latin *vulpes* (renard) est, *étymologiquement*, le même
mot ; du diminutif *vulpecula* vient *goupil, goupillon;*
tandis que les noms germaniques d'Adolphe, de Ro-
dolphe renferment le même élément. Si nous ne con-
naissions pas l'histoire du mot *cousin*, nous ne saurions
pas que le *s* est le seul reste du mot *sœur*, en effet,
cousin est le mot *consobrinus* et indique des cousins
germains issus de deux sœurs. Bien plus, en français,
le celtique *dru* et le latin *ferme*, le latin *donner* et le
germanique *laisser* proviennent de la même racine
originaire.

part énorme dans la formation la plus intime
des idiomes.

Nous reviendrons sur cette grave question
qui, jusqu'ici, n'a pas trouvé auprès des philo-
logues la considération qu'elle mérite.

L'étymologie peut déjà nous servir à aban-
donner le sentier étroit dans lequel s'était
mue jusqu'ici la philologie comparée qui clas-
sait et déclassait à elle seule, sans autre forme
de procès, et sans tenir compte de l'histoire ni
des sciences naturelles, non pas les langues,
mais les nations elles-mêmes, et qui tranchait
avec une assurance peu justifiée par l'exiguité
de notre savoir, sur l'origine des religions
de l'antiquité. Vous aurez, sans doute, en-
tendu répéter dans des livres et dans des
journaux même, que les Grecs étaient des
Aryas, la même nation que les Hindous, trans-
plantés, tout au plus, des bords du Gange et
de l'Indus à ceux de l'Eurotas et du Pénée,
et que ces Aryas helléniques avaient les
mêmes tendances d'esprit, les mêmes pen-
chants politiques et surtout les mêmes idées
religieuses que les Aryas du Djamboudvipa
et de l'Aryavarta.

Or, il suffit d'énoncer ces faits pour les
juger. Rien n'est moins prouvé par tout ce

que l'histoire enseigne que les assertions de ce genre, qui même ont été réunies pour former une sorte de science qu'on a nommée la mythologie comparée.

Or, elle n'existe pas, la mythologie comparée, qui se déduit seulement de ressemblances philologiques ou assez contestables, ou assez peu nombreuses ; qui ne connaît que les étymologies fondées sur les divinités védiques de l'Inde, et qui ne laisse dehors que deux choses, à savoir, les textes antiques et les données certaines fournies par les monuments parvenus jusqu'à nous.

La véritable mythologie comparée est la science des symboles religieux des nations, comparés entre eux, sans considération spéciale de race, mais en tenant compte des rapports politiques qui ont relié les peuples.

Il n'y a pas de mythologie sans l'archéologie, et la science des monuments venant en aide à la connaissance des religions, nous prouve ce que nous savions déjà, sans l'archéologie et malgré la philologie, que la Grèce n'avait pas traversé les premiers siècles du second millénaire avant Jésus-Christ, sans avoir subi fortement et d'une manière continue l'influence des nations sémitiques et de l'Egypte. Or, si les Grecs se rapprochent par la grammaire des Hindous, ils sont plus près' des Sémites que n'importe aucune autre nation indo-européenne par leurs croyances, par leur sens historique, par leur art, par leur constitution politique ; qui sait si nous n'aurons pas un jour le devoir de dire que les Grecs sont un mélange de peuples de races sémitique et arienne parlant une langue indo-européenne ?

Quand même vous nous signaleriez le nom des Centaures, qui, sans contredit, est *étymologiquement* identique au mot qui désigne les musiciens célestes indiens, les Gandharves, ou que vous compareriez le Divaspitar sanscrit au Jupiter latin, ou deux ou trois autres, tels que l'identité du grec Οὐρανός, qui est le ciel, avec l'indien Varuna, qui est la mer (1), où

---

(1) Ainsi, Mercure est un chien, d'après la philologie védique. Le mauvais esprit Vrtra des Védas, qui se retrouve dans les textes de Zoroastre, est, selon quelques mythologues, devenu un autre chien dans la mythologie grecque : ce serait alors le chien Orthros. Or, ce mot grec veut dire lever du soleil, d'une racine connue aussi en latin. Le mythe est foncièrement hellénique, et n'a rien d'indien. Orthros a un frère, également chien, qui s'appelle Kerberos ou Kreparos, et dans lequel paraît la racine italique *krep*, nuit (khshap en sanscrit, d'où *crepusculum*, petite nuit). Orthros est le lever, Kerberos le coucher du soleil. Voilà un cas

trouvez-vous, pour la mythologie, cette conformité qui unit la grammaire grecque à la grammaire sanscrite ?

Où trouverez-vous en Grèce, Indra, Agni, Yama, Vayou, et la totalité du panthéon védique? Où dans l'Inde, par un procédé philologique quelconque, Kronos, Apollon, Artémis, Athene, Hera, Aphrodite, Poseidon, sans parler des identifications italiques des mêmes divinités? La manière d'envisager les rapports des mortels et des divinités diffère du tout au tout; les notions premières qui ont concouru à la formation de la mythologie reposent, il est vrai, sur les observations de la nature chez les deux peuples, comme d'ailleurs partout; car, où voulez-vous que l'homme primitif puise ces idées-là, si ce n'est dans la nature? On parle des cultes du soleil et du feu qui ont de certaines analogies en Grèce et dans l'Inde; mais vous trouverez les mêmes idées chez les Sémites, chez les Touraniens, car le soleil luit également pour tout le monde. La Grèce doit plus à l'Egypte, à la Phénicie, à

où la Grèce seule nous conduit à la vérité ; la philologie dite indo-européenne n'aboutit qu'à des erreurs. Philologiquement parlant, on ne peut rien dire contre l'assimilation de Saramcya et d'Hermès.

l'Assyrie, à l'Orient sémitique et païen, pou
la constitution de ses notions religieuses,
qu'elle n'a emprunté à l'Inde, et les quelques
bribes de mots qui, étymologiquement, peuvent être identifiées à des expressions des Védas ne peuvent tenir contre l'immense majorité
des idées religieuses et contre le nombre ac-
cablant des figures dans lesquelles celles-ci se
sont incorporées, et qui ont notoirement une
origine toute différente.

Enfin, pour juger cette école, il suffirait de
rappeler que si l'Europe est peuplée par des
nations dites ariennes, les croyances de notre
partie du monde conduisent à une source sémitique.

C'est encore ici, pour revenir à l'étymologie,
que la science du dictionnaire nous rend des
services signalés. La grammaire grecque seule
nous indique un organisme analogue à la
grammaire sanscrite, latine, slave; mais le
dictionnaire, quoique montrant une très-
grande majorité de mots, surtout de racines
verbales, évidemment ariens, nous révèle une
minorité très respectable de termes étrangers
à toutes les autres langues indo-européennes,
et des vocables expliqués seulement par les
dictionnaires sémitiques. Ces termes ne se bor-

nent pas aux expressions désignant des animaux, des métaux, des végétaux, mais expriment en partie les notions les plus essentielles à la vie civile et politique (1), et pour lesquels les Hellènes seuls se séparent de l'unanimité des nations indo-européennes.

Je pourrais davantage développer cette thèse, et vous montrer, par une foule de détails, la profonde dissemblance des civilisations hellénique et indienne, dissemblance que je regarde comme très-heureuse pour nous ; car, si nous devions former la jeunesse sur les modèles hindous, au lieu de l'inspirer des exemples de l'antiquité grecque et des grandes figures de la Bible, nous obtiendrions au point de vue intellectuel, dans les résultats de l'éducation, une différence analogue à celle qui nous frappe dans la comparaison des œuvres d'art de l'Inde et de la Grèce.

Revenons donc à notre sujet qui sépare des langues les nationalités qui les parlent, et éclairons ce fait par un exemple irrécusable.

____

(1) Je compte prouver assez prochainement l'existence d'un élément sémitique dans le dictionnaire de la plus belle des langues indo-européennes.

Vous avez, au midi de l'Europe, aux limites du monde ancien, un peuple qui, malgré les changements de langue et de religion, ne s'est pas considérablement modifié. Le caractère des habitants de la presqu'ile ibérienne est encore aujourd'hui le même qu'il nous parait dans les derniers siècles avant l'ère chrétienne, dans les guerres de Sagonte et de Numance. Les Ibères, les Cantabres ont perpétué jusqu'à nos jours leur langue dans un obscur recoin des Pyrénées, et l'idiome d'Escualdan ic s'est conservé à côté de la nation des Vascons. Les Carthaginois, les Romains, les Goths, les Arabes, les Juifs, sont venus s'implanter successivement sur le sol hespérien, et ils y ont laissé des traces. Les Romains ont même imposé leur langue, et aujourd'hui ce peuple ibéro cantabre, modifié par le mélange des parcelles de nationalités diverses, mais impuissantes à résister à une absorption successive par les indigènes, porte le nom d'Espagnols, et se sert d'un idiome dans lequel nous reconnaissons un développement de la langue des Romains.

A côté de l'Espagne, il y a un pays qui, pour le caractère, pour les mœurs, pour la constitution physiologique, rappelle également l'autre peuple antique qui, dans le temps des vainqueurs du monde, habita la contrée. La France d'aujourd'hui s'est formée de nationalités encore plus disparates. A côté des aborigènes d'Europe, les Basques, est venu se grouper le rameau arien des Celtes, qui, de toutes les souches européennes de cette grande famille, paraît s'être mélangé le moins de tous à son origine.

Les Celtes semblent avoir occupé les Gaules et avoir formé le noyau véritable de la population actuelle. Les Romains ont subjugué le pays, mais le contingent ethnographique qu'ils apportèrent ne paraît jamais avoir été très-considérable. Si les Espagnes peuvent revendiquer comme leur appartenant quelques-uns des grands noms de la littérature romaine, les Sénèque, les Lucain, les Quintilien, les Columelle, les Martial : les Gaules n'ont guères à leur opposer que Pétrone et Ausone, et, néanmoins, l'influence de Rome y a été tellement grande, que la langue celtique des Gaules a cédé devant l'omnipotence de l'idiome latin. Et quoique les Francs germaniques se soient superposés à la couche originaire, quoiqu'ils aient réussi à effacer de la carte de l'Europe jusqu'au nom gaulois, quoique le dictionnaire de la langue française et les noms des Français fournissent une énorme quantité de preuves de l'influence germanique, le caractère de l'idiome est resté néo-latin.

Je ne vous dirai rien de l'Italie ; je pourrais vous retracer dans les grands traits l'histoire du beau langage qui retentit aujourd'hui depuis Gênes, où l'on parlait jadis la langue ibérienne des Ligures, jusqu'à Syracuse où l'on parlait le dorien du temps de Théocrite et d'Archimède ; mais il me tarde de conclure.

Retournons maintenant cet argument.

Nous connaissons, par l'histoire, les faits qui ont fait dériver les langues espagnole, portugaise, française, provençale, valaque et italienne du latin ; nous assistons à cette métamorphose que nous suivons dans son développement de siècle en siècle ; nous comprenons l'idiome générateur. Mais supposez pour un instant que nous n'ayons ces idiomes dans leurs œuvres littéraires qu'à l'état de langue morte, que nous ignorions la langue latine, que nous ne nous doutions pas de l'existence éteinte des Cantabres, des Celtibères, des Vascons, des Celtes, des Francs, des Daces et de tant d'autres nations ; qu'arriverait il ?

Alors, nous pourrions parfaitement affirmer

par les ressemblances grammaticales, par les
expressions des dictionnaires, l'affinité de ces
langues dites néo-latines, mais nous serions
impuissants à en expliquer les différences, et
à signaler les diversités comme nous le pouvons aujourd'hui, éclairés que nous sommes
par l'histoire. Nous parlerions de l'origine commune de toutes ces nations, de leurs migra-
tions partant d'un berceau commun, et nous
négligerions, pour une parcelle de vérité in-
contestable, la cause réelle de ces similitudes
et de ces disparités.

Or, voilà ce qui a lieu quand nous compa-
rons le sanscrit, le zend, le grec, le slave, le latin, le celte, le goth. Nous nous apercevons
de grandes ressemblances dans les grammai-
res, nous en signalons d'autres dans le dictionnaire ; nous pouvons même, dans beaucoup
de cas, préciser les formes de la langue mère
commune, que j'ai nommée la langue *ariaque* (1),

---

(1) On lit dans le discours d'ouverture du cours de
grammaire comparée au Collége de France (*Revue des
cours littéraires*, 17 décembre 1864, p. 45, col. 1).
« La langue indo-européenne primitive, autant que nous
en pouvons juger par le monument le plus ancien qui
nous en est resté, c'est-à-dire par les Védas...» Ce pas-
sage renferme une inexactitude ; les Védas sont écrits
en sanscrit, et lors de leur rédaction, les nations euro-

à une époque qui précédait immédiatement la séparation de la souche générale en plusieurs rameaux spéciaux. Mais dans un grand nombre d'autres cas, il nous est entièrement interdit de formuler une opinion à cet égard, car les différents indices que nous fournissent les idiomes cités, rendent radicalement impossible leur réduction à une source commune. Alors nous devons nous souvenir des éléments ethnographiques mystérieux et ensevelis dans un oubli éternel, éléments dont nous pouvons constater la puissante intervention dans la formation des individualités linguistiques, mais sans pouvoir espérer de deviner le nom des peuples absorbés par une invasion des races ariennes.

La philologie, faisant un pas plus loin en-

ȷ éennes étaient déjà ou en Europe ou, dans tous les cas, très-éloignées du berceau commun La langue ariaque a laissé des formes primitives dans le sanscrit, mais nos patois même renferment des mots annonçant un état plus rapproché de la langue mère que ne représentent ceux du dialecte des hymnes indiens. Nous citons parmi des milliers d'exemples, au hasard, les mots *cordial, patrie, clameur, égoïsme, agnat, ignoble, microscope, quatre, cinq, octave, cadavre, spéculation, action, dividende, prime, obligation, cours;* les éléments védiques correspondants présentent déjà une notable altération ou une formation plus moderne.

core, devra donc tâcher de distinguer les éléments que chaque idiome tient de la source
connue, des autres qu'il emprunta aux aborigènes trouvés comme habitant le sol conquis.
Peut-être arrivera-t-on un jour à fixer par les
dissemblances, par les *perturbations* (pour me
servir d'un terme consacré dans l'astronomie)
survenues par suite de ces éléments constitu-
tifs, à dégager ces derniers, et faire jouer à ces
irrégularités le rôle que l'influence d'un astre
sur l'autre a pu avoir, quand il s'est agi de
découvrir, par la cause de ces troubles, les pla-
nètes mêmes qui les apportaient.

Mais telle ne sera pas la tâche de notre gé-
nération.

Bornons-nous à demander à la linguistique
les grands services qu'elle peut rendre. N'oublions pas que pour l'histoire primordiale de
l'humanité, pas moins que pour toute autre
science, toutes nos connaissances sont soli-
daires, et que la question des races a encore
un autre juge, la physiologie.

Permettez-moi de vous citer à cet effet un
exemple tiré de l'archéologie.

Vous verrez au Louvre, dans le musée
Charles X, une statuette égyptienne, trouvée
par M. Mariette dans les ruines du Sérapéum

à Memphis. Cette œuvre d'art, datant de l'âge des Pyramides, de la 4ᵉ dynastie, représente un hiérogrammate ou écrivain sacré. Vous admirerez l'expression vivante du scribe, et vous partagerez l'opinion des archéologues qui voient dans ce monument, remontant peut-être à 3,000 ans avant J.-C., un des chefs-d'œuvre de l'art égyptien parvenus jusqu'à nous. La statuette ressemblait tellement à l'un des fellahs employés pour exécuter ces fouilles, que les autres ouvriers donnèrent à l'image du scribe le nom de leur camarade. Les habitants actuels de l'Egypte ont conservé pendant quatre ou cinq mille ans le type des Pharaons ; ce sont les descendants de la même population qui ne parlent plus l'idiome chamite des Chéops et des Psammétich, mais auxquels la conquête des Arabes a imposé la langue sémitique du Coran. L'influence religieuse de l'islamisme a submergé la langue que les chrétiens d'Egypte nous ont conservée, et pourtant les conquérants étaient en si petit nombre que, au point de vue ethnographique, leur influence a été absorbée, sans même laisser de notables vestiges.

Ainsi, les Phéniciens parlent une langue presque identique à l'hébreu ; néanmoins la table généalogique de la Genèse, qui remonte à une haute antiquité, nous dit que ces Phéniciens étaient des fils de Cham. Ils étaient en effet, par leur origine, rapprochés des Egyptiens, mais acceptèrent la langue des Sémites conquérants venus de la mer Erythrée.

De même, les nègres d'Haïti parlent une espèce de français; comment jugerions-nous un érudit qui, de ce fait seul, voudrait inférer que ces populations issues d'Afrique fussent de race latine ou gauloise?

A cause des faits qui viennent d'être exposés, on comprendra qu'aucune étude de philologie, et même de grammaire comparée ne pourrait être fructueuse, si elle n'est pas soutenue par la connaissance plus ou moins approfondie des différentes branches dans lesquelles se subdivise l'expression de la pensée humaine. Sans doute, une comparaison faite sans esprit de critique, et exercée sur le domaine de nombreuses langues que ne relie plus une ressemblance organique appréciable pour nous, serait pernicieuse pour la science et peu profitable pour celui qui la tenterait. Cependant je devrai vous prévenir également du préjugé qui regarde les différentes souches de la linguistique comme indépendantes les unes

des autres, ou qui proclamerait que des
indianistes spéciaux sont seuls capables d'en-
seigner la philologie comparée. Et pourtant,
on mesure quelquefois les titres des hommes
destinés à répandre cette science d'après leurs
productions plus ou moins marquantes dans
la littérature sanscrite. Rien n'est moins jus-
tifié ; cet esprit exclusif conduit à des erreurs
nombreuses sur le domaine même des langues *
indo-européennes, et un professeur de sanscrit
n'a pas mauvaise grâce à signaler ce travers.

Ce ne sont pas seulement les langues sémitiques dont des notions sont nécessaires pour
plusieurs idiomes indo-européens ; mais la
philologie sanscrite elle-même peut se passer
moins que toute autre des notions des langues
touraniennes et monosyllabiques de l'extrême
Orient, surtout quand il s'agit d'apprécier la
période plus moderne de la langue indienne, et
les nombreuses déformations que l'idiome primitif a subies pour se transformer en langue
vivante. Et encore, sur d'autres points du domaine arien, par exemple, dans une appréciation des langues slaves et germaniques, surtout scandinaves, des éléments touraniens (1)

(1) Nous indiquons par exemple la conjugaison des
Slaves du Nord, dans laquelle se montre l'influence des

doivent trouver leur place jusque dans l'organisme même des idiomes.

Nous ne voulons pas entamer ici la question de la parenté primitive des souches arienne, touranienne et sémitique entre elles; nous nous perdrions dans des suppositions dont le manque de preuves absolues nous empêcherait de constater la raison d'être. Mais l'absence de démonstrations n'implique pas la non-réalité des faits. Si déjà nous ne pouvons plus toucher le lien qui expliquerait le sujet de toutes les ressemblances et divergences des langues indo-européennes, à plus forte raison serons-nous impuissants à retrouver les rapports qui peuvent avoir existé entre les formes linguistiques qui précèdent la langue ariaque, mère commune du sanscrit, du perse et de nos idiomes d'Europe d'une part, et les langues de Sem et de Touran d'autre côté. L'état de notre science n'est pas assez avancé pour remonter à une origine commune ; mais il y aurait une présomption condamnable si, malgré les différences qui

peuples *aesthyens* (esthoniens, finnois); de même, les langues scandinaves doivent à la proximité de ces éléments touraniens leurs articles postpositifs, leurs négations et autres phénomènes linguistiques, sans parler d'une partie du dictionnaire.

séparent leurs organismes connus, nous voulions conclure à leur origine diverse. Au contraire, bien des faits peuvent nous faire admettre une source commune aux idiomes, non pas seulement ariens et touraniens, qui se peut déjà démontrer, mais même un rapport entre ces branches linguistiques et la famille sémitique. Cependant, à l'heure qu'il est, nous devons nous borner à déclarer qu'il n'y a pas, dans l'état de la science actuelle, un fait qui prouve une diversité d'origine.

Rentrons dans les faits d'un ordre plus pratique. Vous demanderez, si la science ne répond pas aux questions que certains érudits lui posent : Où est donc son utilité ?

La philologie comparée, et c'est sa grande et magnifique tâche, nous fournit l'instrument pour découvrir et pour ressusciter des idiomes éteints depuis des milliers d'années. Si les faits incontestables de la grammaire comparée peuvent nous éclairer sur quelques formes grammaticales des langues existantes, nous pouvons, par la méthode que nous y appliquons, reconstituer des idiomes dont aucune tradition n'est parvenue à nous. La puissance créatrice de la philologie a fait faire à la science de notre siècle un grand pas

dans l'intelligence de l'histoire des peuples
antiques. Là où les écrits se sont perdus, une
littérature conservée sur des pierres naguère
illisibles, a restitué à l'humanité les connaissances qu'elle avait oubliées. Comme nous-
mêmes, nous nous souvenons souvent de faits
qui depuis de longues années dormaient dans
notre esprit, et qui ressuscitent soudain sans
que nous sachions comment, ainsi l'humanité
semble quelquefois avoir ressaisi une langue
dont la mémoire lui avait échappé. Ces idiomes en apparence éteints qui se réveillent
dans la mémoire des hommes, pour fournir
à nos générations de nouvelles et surprenantes
notions sur nos ancêtres, doivent leur réappa-
rition dans la science à la méthode de la linguistique qui a, non pas seulement déchiffré
les caractères illisibles naguère, mais qui a,
ce qui est encore plus, interprété les langues
que recouvraient ces caractères mystérieux.
Ainsi nous devons à cette méthode la connaissance des hiéroglyphes égyptiens et des autres
formes d'écriture dont se servaient les Pharaons; nous avons lu les lettres et les textes
malheureusement trop rares de la Phénicie et
de Carthage, nous avons pu recommencer l'é-
tude de la langue antique de l'ancienne Ara-

bie, l'himyarique, les caractères de la Phry-
gie et les textes de la Lycie sont prêts d'être
interprétés.

La science de la philologie comparée a at-
taqué les inscriptions écrites en caractères cu-
néiformes de l'Asie occidentale; ies textes des
Perses sont pleinement interprétés, les nombreuses inscriptions que par milliers nous ont
ont léguées Babylone et Ninive, ne sont plus un
mystère pour nous, et concourent, dans leur
sphère, à la vérification des données contenues
dans la Bible. Ainsi que l'extrême Orient, l'Inde
a vu son histoire éclairée par les seuls restes
d'histoire que nous ait transmis la presqu'ile
du Gange, et les textes du roi Asoka n'ont pu
braver longtemps le zèle des savants britan-
niques qui y ont consacré leurs veilles. Et si
nous détournons nos regards de l'Asie pour
les porter plus près de nous, nous voyons
cette même science interpréter les idiomes ou-
bliés de l'Italie; les textes ombriens, osques,
sabins sont expliqués par la même méthode, et les Gaules, comme l'Espagne, at-
tendent encore qu'on vienne dire le dernier
mot sur les inscriptions des vaincus de César
et sur les médailles des compatriotes de Vi-
riathus. Et qui sait ce que l'avenir nous ré-

serve encore en énigmes à résoudre, et combien de voiles la science toujours progressive de l'humanité est appelée à déchirer ?

Voilà le domaine très-étendu de notre activité, voilà les limites dans lesquelles il faut nous circonscrire, les *certi fines*,

Quos ultra citraque nequit consistere rectum.

Typographie E. PANCKOUCKE et Ce, quai Voltaire, 12.